CB066202

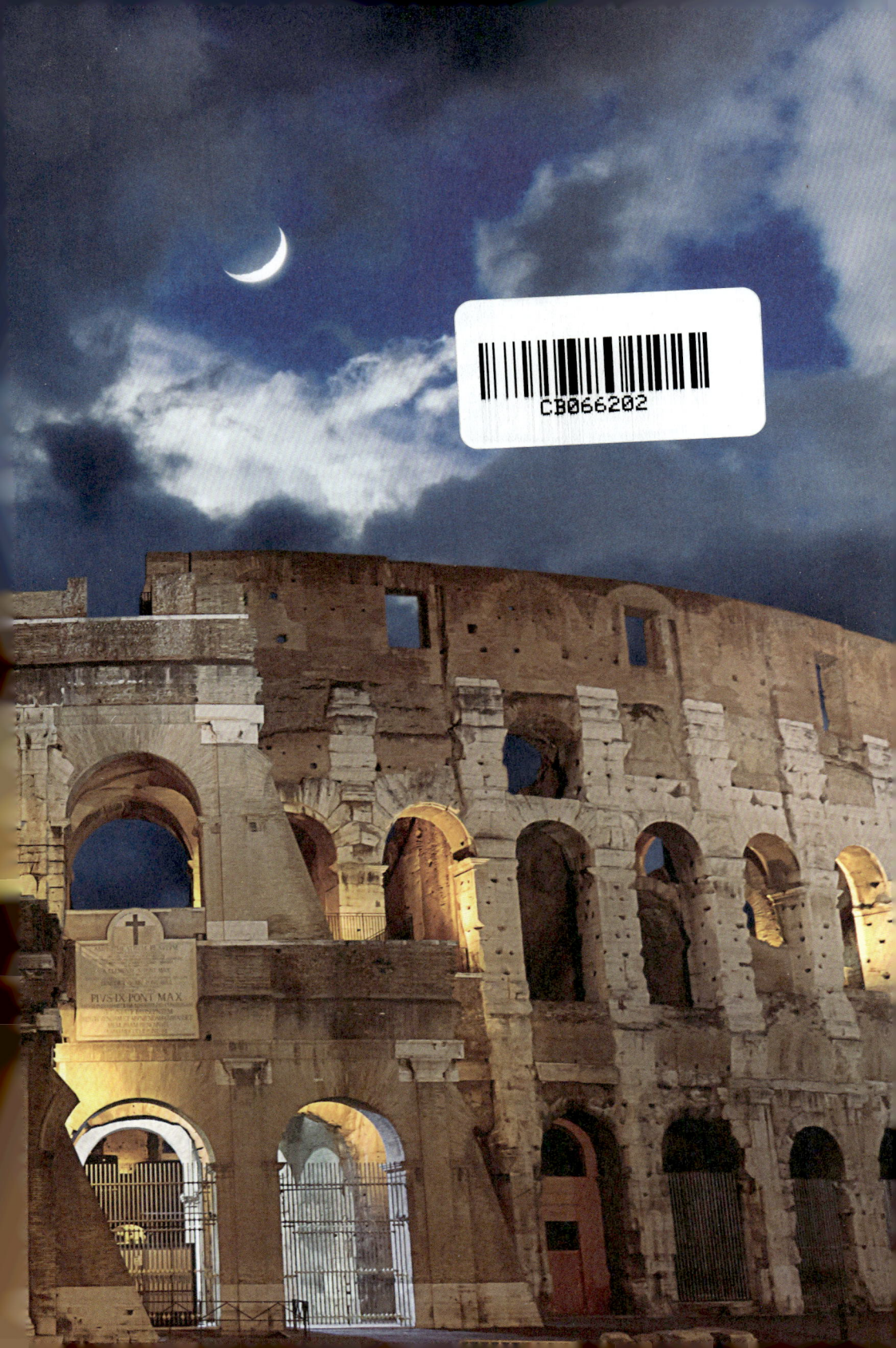

SOBRE A BREVIDADE DA VIDA

DIRECIONE A CÂMERA DO SEU CELULAR
PARA ESTE QR CODE E ACESSE O AUDIOBOOK
DESTE LIVRO. REQUER INTERNET.

Conheça os títulos da coleção SÉRIE OURO:

365 REFLEXÕES ESTOICAS
1984
A ARTE DA GUERRA
A DIVINA COMÉDIA - INFERNO
A DIVINA COMÉDIA - PURGATÓRIO
A DIVINA COMÉDIA - PARAÍSO
A IMITAÇÃO DE CRISTO
A INTERPRETAÇÃO DOS SONHOS
A METAMORFOSE
A MORTE DE IVAN ILITCH
A ORIGEM DAS ESPÉCIES
A REVOLUÇÃO DOS BICHOS
ALICE NO PAÍS DAS MARAVILHAS
ALICE ATRAVÉS DO ESPELHO
ANNA KARENINA
CARTAS A MILENA
CONFISSÕES DE SANTO AGOSTINHO
CONTOS DE FADAS ANDERSEN
CRIME E CASTIGO
DOM CASMURRO
DOM QUIXOTE
FAUSTO
GARGÂNTUA & PATAGRUEL
MEDITAÇÕES
MEMÓRIAS PÓSTUMAS DE BRÁS CUBAS
MITOLOGIA GREGA E ROMANA
NOITES BRANCAS
O CAIBALION
O DIÁRIO DE ANNE FRANK
O IDIOTA
O JARDIM SECRETO
O LIVRO DOS CINCO ANÉIS
O MORRO DOS VENTOS UIVANTES
O PEQUENO PRÍNCIPE
O PEREGRINO
O PRÍNCIPE
O PROCESSO
ORGULHO E PRECONCEITO
OS IRMÃOS KARAMÁZOV
PERSUASÃO
RAZÃO E SENSIBILIDADE
SOBRE A BREVIDADE DA VIDA
SOBRE A VIDA FELIZ & TRANQUILIDADE DA ALMA
VIDAS SECAS

Conheça os títulos da coleção SÉRIE LUXO:

JANE EYRE
O MORRO DOS VENTOS UIVANTES

SÊNECA

SOBRE A BREVIDADE DA VIDA

TEXTO INTEGRAL
EDIÇÃO ESPECIAL DE 1976 ANOS

GARNIER
DESDE 1844

DIRECIONE A CÂMERA DO SEU CELULAR
PARA ESTE QR CODE E ACESSE O AUDIOBOOK
DESTE LIVRO. REQUER INTERNET.

GARNIER
DESDE 1844

Fundador: **Baptiste-Louis Garnier**

Copyright desta tradução © IBC - Instituto Brasileiro De Cultura, 2021

Título original: On the Shortness of Life
Reservados todos os direitos desta tradução e produção, pela lei 9.610 de 19.2.1998.

3ª Impressão 2025

Presidente: Paulo Roberto Houch
MTB 0083982/SP

Coordenação Editorial: Priscilla Sipans
Coordenação de Arte: Rubens Martim (capa)
Tradução e Notas: Claudio Blanc
Cotejo, Preparação de Texto e Revisão: Julia Fiuza
Diagramação: Jorge Toth

Vendas: Tel.: (11) 3393-7727 (comercial2@editoraonline.com.br)

Foi feito o depósito legal.
Impresso na China

Dados Internacionais de Catalogação na Publicação (CIP) de acordo com ISBD	
S475l	Sêneca
	Livro Sobre a Brevidade da Vida - Edição Luxo / Sêneca. - Barueri : Garnier Editora, 2023. 96 p. ; 15,1cm x 23cm.
	ISBN: 978-65-84956-34-6
	1. Filosofia. 2. Sêneca. I. Título.
2023-2436	CDD 100 CDU 1
Elaborado por Vagner Rodolfo da Silva - CRB-8/9410	

IBC — Instituto Brasileiro de Cultura LTDA
CNPJ 04.207.648/0001-94
Avenida Juruá, 762 — Alphaville Industrial
CEP. 06455-010 — Barueri/SP
www.editoraonline.com.br

Não é que tenhamos um curto espaço de tempo para viver, mas o desperdiçamos demais. A vida é longa o bastante e foi concedida em medida suficientemente generosa para permitir a realização de coisas maiores, se o tempo for bem investido. Mas quando é desperdiçado no luxo e no descuido, quando não é dedicado a bons fins, finalmente forçados pela necessidade última, percebemos que ele passou antes de sabermos que estava passando.

Sêneca

Prefácio

ASCIDO EM CÓRDOBA EM 4 A.C. e falecido em Roma, em 65 d.C., Lúcio Aneu Sêneca foi um filósofo romano conhecido por suas obras de caráter moral pertencentes à escola estoica de pensamento, na qual seu nome brilha como um dos seus maiores expoentes. Filho de um orador, Marco Aneu Sêneca, ele desenvolve uma próspera carreira política, na qual foi questor, pretor, senador e cônsul nos governos de Tibério, Calígula, Cláudio e Nero, além de tutor do imperador Nero. Ao todo, Sêneca conheceu cinco imperadores romanos.

Orador talentoso, foi uma figura expressiva na política romana, sendo um dos senadores mais admirados, influentes e respeitados. Entre os anos 54 e 62, durante os primeiros anos do reinado de seu pupilo, Nero, Sêneca esteve à frente do Império Romano junto com Sexto Afrânio Burro, o que o fez adquirir numerosos inimigos, e acabou por ser forçado a se retirar da política em 62 d.C. Acusado em falso de ter participado da conspiração de Pisão contra Nero, este último o sentenciou à morte e o filósofo foi obrigado a cometer suicídio em 65 d.C.

A obra de Sêneca é vasta e tomada como importante fonte da filosofia estoica, na qual ganhou relevo, acompanhada posteriormente por Epiteto, o escravo, e Marco Aurélio, o imperador, dois outros grandes pensadores estoicos.

A influência de seus ensinamentos projeta-se na história até os dias atuais, sendo de especial importância durante o Renascimento, no qual é tomado como um exemplo de virtudes morais a serem implantadas e praticadas.

Em nosso momento histórico, o estoicismo, com sua moral rigorosa, seu ensinamento transmitido não só em palavras, mas sobretudo através do exemplo, sua sobriedade e serenidade frente aos fatos que advêm do mundo exterior, sua observação, confiança e propósito de alinhamento com as leis que emanam da natureza, parece-nos um precioso medicamento contra os males de uma sociedade onde os valores já não ocupam há muito a cena principal, mas o fazem os interesses pessoais, com sua gama de artimanhas e subterfúgios para justificar o injustificável e fazer prevalecer o proveito prórprio a qualquer preço.

Os ensinamentos estoicos, nesse contexto, brilham por sua sensatez e simplicidade, e inspiram esperanças de uma recuperação moral mediante seu distante exemplo, uma vez que tudo aquilo que está próximo de nós, historicamente falando, foi coberto por uma mácula de descrédito. Precisamos, hoje, talvez mais que antes, desses antigos e dignos homens romanos para, com suas vozes firmes e seguras, trazerem de volta a nossa fé em nós mesmos e na humanidade como um todo.

A reconstrução moral de nossa civilização, com seus propósitos e meios, é percebida como cada dia mais urgente. Todos temenos os próximos passos a serem dados por nossa conturbada história recente, e buscamos esperanças. E, nesse contexto, o Estoicismo volta a ser o tema do dia, em conversações cada vez mais frequentes.

A CONTRIBUIÇÃO DE SÊNECA

Comparada à obra dos outros dois filósofos do Estoicismo romano citados, Epiteto e Marco Aurélio, a obra de Sêneca que alcança nossos dias é vasta, e consta de diálogos morais, cartas, tragédias e epigramas (composições poéticas breves que são inscritas sobre monumentos ou túmulos).

Entre estas obras, talvez a que mais tenha tido alcance e que mais conte com a simpatia do leitor seja este diálogo: *Sobre a Brevidade da Vida*, que aborda os maus hábitos que nos fazem desperdiçar o tempo sem atentar para o fato de que tempo é sinônimo de vida, e sem dar a esta mesma vida um sentido maior que a justifique na categoria de vida humana. Trata-se de reflexões e conselhos práticos e incisivos.

Qualquer um que trabalhe com técnicas de administração do tempo, tão necessárias para impor uma organização básica de nossos deveres e necessidades, sabe reconhecer o valor dos conselhos de Sêneca, nesta obra clássica, como uma coluna vertebral de constatações e orientações sobre como tomar o comando de nosso tempo e dar a ele um justo uso e direcionamento. Tudo o mais, em geral, pode ser desdobrado destes conselhos fundamentais.

Algumas ideias importantes a destacar, nesta obra, seriam:

1. A vida não é curta, e sim mal aproveitada

Já dizia uma máxima filosófica muito conhecida que a extensão de uma única vida seria suficiente para partirmos da absoluta ignorância e alcançarmos a máxima sabedoria que pode ser atingida por um ser humano, se tivéssemos anos de 365 dias, dias de 24 horas e horas de 60 minutos. Quantos minutos têm nossas horas? Quantos dias há em nossa vida?

A memória, seletiva e objetiva em seus critérios, só retém aquilo que foi vivido com "corpo e mente juntos", ou seja, os momentos onde a consciência estava desperta, concentrada e disposta ao aprendizado. Se estes momentos forem paulatinamente crescendo, estaremos dando andamento a um processo de tomar posse de nossas vidas, de alongar e dar sentido ao nosso tempo, preenchendo espaços vazios com luz. É impossível calcular o tamanho do potencial de "alongamento" do nosso tempo que esta postura pode gerar.

Assim como o apaixonado percebe como longos e demorados seus minutos de espera e faz voar o tempo transcorrido ao lado de seu(sua) amado(a), a consciência, focada e dotada de propósito, vai alinhando e alongando os seus dias, como se estes fossem passos sólidos em direção aos seus objetivos humanos mais válidos e aos seus sonhos mais transcendentes. Definitivamente, os relógios mentem: o tempo não se mede de forma tão objetiva assim.

2. Há que evitar o desperdício de tempo em inércia e vícios

Um homem que ama o que faz e quer levá-lo a bom termo, ou seja, aquele que possui um espírito de missão permeando suas atividades, não abrigará em sua casa os chamados "ladrões de tempo", que são os que pretendem inviabilizar a realização de seus sonhos.

Ninguém imagina um grande artista, como o icônico Leonardo da Vinci, vencido pela preguiça que o impede de se lançar ao mistério revelado através de seus quadros. Ele também ansiava por conhecer, trazer à luz este mistério, e seu ânimo não se detia nem mesmo diante das necessidades mais básicas do corpo, em diversas ocasiões, como as de alimentação e de sono.

Tampouco se imaginará o gênio renascentista alimentando qualquer tipo de vício como rota de fuga de uma vida insípida e difícil de se suportar. Cada dia é parte importante de uma jornada, é trecho de um caminho direcionado em relação às suas realizações, e esta trajetória é empolgante e desafiadora; não há razões para fugir dela.

Em suma, as reiterativas orientações de nosso filósofo em relação a isso poderiam, elas mesmas, ser resumidas em um epigrama: "Se amas tua vida, tranca bem tua porta para que nenhuma ilusão roube de ti nenhum capítulo dela!"

3. Quem não possui nenhum objetivo fixo vive ao sabor das marés

Imagine um náufrago em alto-mar: sua direção e seu destino não pertencem a ele, mas ao capricho das marés, que o lançam aleatoriamente de um lado a outro.

Mas se, por alguma inusitada intervenção, coloca-se nas mãos dele a ponta de uma corda e o fazem saber que a outra ponta está fortemente atada à terra firme, ele já não é um joguete nas mãos das circunstâncias, embora tampouco tenha os pés em terra firme. Ele possui o caminho para a terra firme: basta que não solte esta corda e a tracione um pouco todos os dias, sem pressa e sem pausa.

Desta forma, cada dia lhe trará um enorme ganho: alguns metros de mar foram deixados para trás, e a proximidade da terra é um pouco maior... Quem sabe se, após o esforço de manhã, já não se pode vislumbrar a praia?

Esta meta, este rumo claro e bem definido resgatam-no da escravidão das marés e o tornam livre para dar sentido e valor a cada um de seus dias, a cada um de seus esforços.

Assim é com o sentido de vida humano, seu propósito humano de realização: ligado firmemente a ele, cada movimento das mãos deste homem são um pouco do futuro que já foi conquistado, que já foi trazido ao presente; nenhum tempo é desperdiçado.

4. Quem te deu algum momento de atenção é melhor que tu, que nunca dás esta mesma atenção a ti mesmo

Experimenta perguntar a ti próprio qual foi o momento do teu dia que te tornou mais feliz. Talvez a constatação/resposta te surpreeenda, mostrando um momento simples, em contato com a natureza, em vez do momento ruidoso em que seguias o *script* de um evento social que não te traz qualquer satisfação.

O curioso é que, sem esta pergunta provocativa e a subsequente parada para reflexão, poderias passar toda uma vida sem constatar este fato. Por que razão não vês coisas tão evidentes e relevantes? Não te sobra tempo para conhecer a ti mesmo, para constatar quem és e onde pretendes chegar com tudo isso que fazes, pensas e procuras.

Em suma, falta tempo para constatar e construir tua própria identidade. Acaso isso não é uma operação necessária, ou não é digna de prioridade em tua vida? E quais são as prioridades de tua vida? O homem que julga que há coisas mais importantes do que isso, que é a alavanca sobre a qual se apoiarão todas as decisões e direções tomadas a partir de agora, ou é um homem que dedica o seu tempo a servir a mesa dos deuses, no Olimpo.... Ou é um tolo que não sabe hierarquizar suas tarefas. Há que expor esta disjuntiva à nossa consciência e esperar que ela se posicione em relação às mudanças que devem ser implantadas.

5. Será que buscas o outro só para fugir de ti mesmo?

Convivência, colaboração, união... Todas são metas muito dignas e necessárias. Porém, será possível estarmos em profundidade com o outro se não estamos com nós mesmos? Se somos superficiais em nosso autoconhecimento, conheceremos em profundidade os demais? Estabeleceremos com eles laços sólidos e verdadeiros?

Em geral, por lógica, podemos afirmar que superficialidade só gera superficialidade. O tempo dedicado a conhecer a si mesmo, a polir as arestas que devem ser polidas e desenvolver as virtudes que afloram é um tempo dedicado também ao outro, ao todo. São tarefas interligadas: o tempo justo dedicado a uma delas pavimenta o caminho para alcançarmos rapidamente a outra. Trata-se de um ganho duplo.

6. Por que defendes teu patrimônio, mas entregas com facilidade o teu tempo?

Acaso não será o tempo o nosso mais precioso patrimônio, uma vez que ele contém nossa vida? Será que é preciso que o tempo diante de nós seja escasso para que aprendamos a valorizá-lo?

Guardamos zelosamente nossas propriedades, mas entregamos sem preocupações o nosso tempo àquele que queria levá-lo de nós. O tempo de uma conversa banal e infrutífera somado ao tempo do entretenimento vazio ou até nocivo, somado ao tempo de... Quanto temos desperdiçado?

Mas se alguém te diz: toma este livro, que é repleto de recomendações de sabedoria, e reflete sobre ele... Já se torna escasso nosso tempo. "Quando puder, certamente o farei!" Porém, jamais podemos; há tanto o que fazer!

Mas quando a banalidade bate à nossa porta, somos pródigos e entregamos nosso tempo sem medidas nem moderação. Um dia, ao olhar para o passado e avaliar o uso do nosso tempo, o que mais encontraremos além do rastro da banalidade?

7. Reservamos para nós apenas as sobras da vida!

Não é incomum, em nossa conjuntura histórica, ouvirmos a narrativa do homem que espera a aposentadoria, o encaminhamento dos filhos e coisas do tipo para começar, enfim, a realizar as coisas que satisfazem à sua natureza humana. Será apenas neste dia e não antes que nos dedicaremos a estudar, refletir, meditar, a buscar a beleza e o sentido da vida? O curioso é que nada nos garante que teremos a longevidade suficiente para que este dia seja atingido, ou que, ao atingi-lo, ainda contaremos com a saúde, a energia e a lucidez necessárias para aproveitá-lo.

Da mesma maneria que percebemos a necessidade constante de alimentar nosso corpo, deveríamos notar que algo em nós, muitas vezes denominado como "alma" ou "consciência humana", também necessita de seus alimentos próprios, e que um jejum tão longo poderá matá-la por inanição.

Todos os seres humanos morrem, mas nem todos vivem... Alguns limitam-se a sobreviver. E o tempo dedicado à ética, à estética, à mísitca e à reflexão e assimilação de todos os conteúdos por elas oferecido? Se houver tempo, eu o farei. E se não sobrar tempo? Morreremos em paz, porque fizemos tudo aquilo que era "importante"? Não era importante construir a nós mesmos como seres humanos e, através de nosso exemplo, franquear uma trilha para outros? Lamentavelmente, parece que não.

Talvez seja verdadeiro, afinal, aquilo que dizia Carl Gustav Jung, o célebre fundador da Psicologia Analítica:

"O homem do século XX, que tanto fala em economia, é, na verdade, um esbanjador; esbanja o mais precioso: o Espírito."

Prefácio

De máximas como estas e muitas outras da mesma natureza e importância é composto *Sobre a Brevidade da Vida*. Conselhos de um valor inestimável destinados àqueles que dispuserem de tempo suficiente para ouvi-los e praticá-los.

Estas máximas reverberam em muitos outros pensadores e tradições que, segundo seu particular tempo, espaço e sistema de ideias, afirmam o mesmo valor inestimável da vida e a necessária sabedoria para não dispendê-la em vão. Que a voz de Sêneca encontre eco em nossos dias e possa resgatar um pouco dessa vida humana que escoa e se perde de forma insensata, enquanto as necessidades humanas são tantas e tão urgentes.

Lúcia Helena Galvão Maya
Palestrante, professora de filosofia, escritora, roteirista e poetisa

*Assim é: a vida que recebemos não
é curta, mas a tornamos
desse modo; tampouco a temos de
sobra, mas a desperdiçamos.
Do mesmo modo como a grande
e principesca riqueza
é dissipada quando chega às mãos de
um mau proprietário, enquanto
a riqueza, embora limitada,
se for confiada a um bom
guardião, aumenta com o uso, nossa
vida é suficientemente longa
para aquele que a ordena corretamente.*

I

A MAIORIA DOS MORTAIS, Paulino[1], queixa-se amargamente da maldade da natureza, pois nascemos com a perspectiva de uma vida breve, uma vez que mesmo o tempo que nos foi concedido passa com tanta rapidez e tão velozmente que, a não ser por muito poucos, encontramos o fim da vida justamente quando estamos nos preparando para viver. Nem é apenas o comum dos mortais, ou a multidão ignorante, que considera isso um mal universal; o mesmo sentimento suscitou queixas também de homens famosos. Foi isso que fez o maior dos médicos exclamar que "a vida é curta e a arte longa;"[2] foi isso que levou Aristóteles[3], enquanto protestava contra a natureza, fazendo acusação muito imprópria para um homem sábio, afirmando que, em termos de idade, ela tem mostrado tal favor aos animais permitindo-os contemplar cinco ou dez gerações[4], porém, estabelece um limite muito mais curto

---

[1] Está claro nos capítulos 18 e 19 que, quando este ensaio foi escrito (por volta de 49 d.C.), Paulino era *praefectus annonae*, o oficial que supervisionava o suprimento de grãos de Roma, e era, portanto, um homem importante. Ele era, crivelmente, um parente próximo da esposa de Sêneca, Pompeia Paulina, e é geralmente identificado como pai de um certo Pompeio Paulino, que ocupou altos cargos públicos sob Nero (Plínio, Nat. Hist. Xxxiii. 143; Tácito, Anais, xiii. 53.2; xv.)

[2] O famoso aforismo de Hipócrates de Cos.

[3] Um erro para Teofrasto, conforme mostrado por Cícero, Tusc. Disp. iii. 69: *"Theophrastus autem moriens accusasse naturam dicitur, quod cervis et cornicibus vitam diuturnam, quorum id nihil interesset, hominibus, quorum maxime interfuisset, tam exiguam vitam dedisset; quorum si aetas potuisset esse longinquior, futurum fuisse v omnibusis artinquiorium perfeito erudiretur."* (Mas Teofrasto, em seu leito de morte, teria acusado a natureza, porque deu uma vida tão pequena aos veados e corvos, dos quais não fez diferença; se a idade deles pudesse ser maior, teria havido.)

[4] Ou seja, do homem. Cf. Hesíodo, Frag. 183 (Rzach).

ao homem, embora ele tenha nascido para tantas e tamanhas realizações. Não é que tenhamos um curto espaço de tempo para viver, mas o desperdiçamos demais. A vida é longa o bastante e foi concedida em medida suficientemente generosa para permitir a realização de coisas maiores, se o tempo for bem investido. Mas quando é desperdiçado no luxo e no descuido, quando não é dedicado a bons fins, finalmente forçados pela necessidade última, percebemos que ele passou antes de sabermos que estava passando. Assim é: a vida que recebemos não é curta, mas a tornamos desse modo; tampouco a temos de sobra, mas a desperdiçamos. Do mesmo modo como a grande e principesca riqueza é dissipada quando chega às mãos de um mau proprietário, enquanto a riqueza, embora limitada, se for confiada a um bom guardião, aumenta com o uso, nossa vida é suficientemente longa para aquele que a ordena corretamente.

Os vícios nos cercam – e nos cercam por todos os lados –, e não permitem que nos levantemos de novo e ergamos os olhos para discernirmos a verdade, mas nos mantêm abatidos enquanto nos dominam e nos acorrentam à luxúria. Suas vítimas nunca têm permissão para retornar ao seu verdadeiro eu; se alguma vez tivessem a chance de encontrar algum alívio, mas, como as águas do fundo do mar que continuam a se agitar mesmo depois que a tempestade passa, são jogados de um lado para outro e nenhum descanso de suas luxúrias permanece.

II

OR QUE RECLAMAMOS DA NATUREZA? Ela se mostrou gentil. A vida, se você souber usá-la, é longa. Mas certo homem é possuído por uma avareza insaciável; outro, por uma devoção laboriosa a tarefas inúteis; um é obcecado pelo vinho; outro, paralisado pela preguiça; determinado homem está exaurido, pois realizar sua ambição depende da decisão de outros; um outro, movido pela ganância do comerciante, é levado a todas as terras e a todos os mares pela esperança de ganho; alguns são atormentados por sua paixão pela guerra e estão sempre empenhados em infligir perigos aos outros ou preocupados com os seus próprios; há os que foram exauridos pela servidão voluntária aos poderosos; muitos se mantêm ocupados ou invejando a sorte de outros homens ou reclamando da sua própria; diversos, sem seguir um objetivo fixo, instáveis e insatisfeitos, são envolvidos por sua inconstância, sempre elaborando planos novos; alguns não têm nenhum princípio fixo pelo qual direcionar seu curso, e o destino os pega de surpresa enquanto relaxam e bocejam – isso acontece tão certamente que não posso duvidar da verdade daquela declaração que o maior dos poetas proferiu qual um oráculo: "A parte da vida que realmente vivemos é pequena"[5],

---

[5] Tradução em prosa de um poeta desconhecido.

pois todo o resto da existência não é vida, mas apenas tempo. Os vícios nos cercam – e nos cercam por todos os lados –, e não permitem que nos levantemos de novo e ergamos os olhos para discernirmos a verdade, mas nos mantêm abatidos enquanto nos dominam e nos acorrentam à luxúria. Suas vítimas nunca têm permissão para retornar ao seu verdadeiro eu; se alguma vez tivessem a chance de encontrar algum alívio, mas, como as águas do fundo do mar que continuam a se agitar mesmo depois que a tempestade passa, são jogados de um lado para outro e nenhum descanso de suas luxúrias permanece. Acha que estou falando dos desgraçados cujos males estão à vista? Veja aqueles cuja prosperidade os homens se aglomeram para contemplar: são sufocados por suas bênçãos. Para quantos as riquezas são um fardo? De quantos a eloquência e o esforço diário para exibir seus poderes extraem seu sangue? Quantos estão pálidos de fraqueza por conta dos prazeres constantes? Quantos perdem sua liberdade para a multidão de clientes[6] que se aglomeram ao seu redor? Em suma, repasse a lista de todos esses homens, do mais baixo ao mais alto – este homem deseja um advogado[7], este atende à convocação, aquele está sendo julgado, aquele o defende, aquele dá a sentença. Ninguém cuida de si mesmo; todos se perdem por causa do outro. Pergunte sobre os homens cujos nomes são conhecidos de cor e verá que essas são as marcas que os distinguem: este cuida daquele, que cuida de outro; ninguém é seu próprio mestre. E, então, certos homens mostram a mais insensata indignação – reclamam da insolência

---

[6] Ao contrário do sentido atual, na Roma Antiga, um cliente (do latim *cliens*) era um plebeu associado a um patrono benfeitor. Os clientes deviam respeito a seus patronos como estes, reciprocamente, deviam-lhes proteção.

[7] Não aquele que empreendeu a defesa propriamente dita, mas aquele que, com a sua presença e conselho, deu apoio no tribunal.

de seus superiores, porque estavam ocupados demais para vê-los quando desejavam uma audiência! Mas pode alguém ter a intrepidez de reclamar do orgulho alheio quando ele mesmo não tem tempo para cuidar de si? Afinal, não importa quem você seja, o grande homem às vezes olha para você mesmo que seu rosto seja insolente; ele às vezes condescende em ouvir suas palavras, permite que você apareça ao seu lado. No entanto, você nunca se digna a olhar para si mesmo, a dar ouvidos a si mesmo. Não há razão, portanto, para cobrar alguém por tais serviços, visto que, quando você os executava, desejava a companhia de outro, mas não podia suportar a sua própria.

Você vive como se estivesse destinado a viver para sempre, nenhum pensamento sobre sua fragilidade entra em sua cabeça, sem dar atenção para quanto tempo já passou. Desperdiça tempo como se dele tivesse um suprimento completo e abundante, embora aquele dia que você concede a alguma pessoa ou coisa possa ser seu último. Você tem todos os medos dos mortais e todos os desejos dos imortais. Ouvirá muitos homens dizendo: "Depois de meu quinquagésimo ano, irei me retirar para o lazer, meu sexagésimo ano me libertará dos deveres públicos." E que garantia tem de que sua vida se prolongará?

III

TODOS OS INTELECTOS BRILHANTES de todos os tempos nunca deixaram de se espantar com a densa escuridão da mente humana. Os homens não permitem que ninguém se apodere de suas propriedades e correm a pegar em pedras e armas, se houver a menor disputa sobre o limite de suas terras, mas permitem que outros invadam suas vidas – na verdade, eles próprios convidam os invasores. Ninguém está disposto a dividir sua riqueza, mas cada um de nós divide sua vida entre muitos! Na guarda de sua fortuna, os homens frequentemente têm os punhos cerrados, mas quando se trata de perder tempo – a única coisa da qual devemos ser avaros – eles se mostram muito pródigos. Eu gostaria de questionar qualquer um entre os homens mais velhos: "Vejo que você atingiu o limite mais distante da vida humana, está chegando ao seu centésimo ano, ou está mesmo além dele; venha agora, relembre sua vida e faça um ajuste de contas. Considere quanto do seu tempo foi gasto com um credor, quanto com uma amante, quanto com um patrono, quanto com um cliente, quanto em disputas com sua esposa, quanto em punir seus escravos, quanto em correr pela cidade cumprindo deveres sociais. Contabilize as doenças que causamos a nós mesmos por nossos próprios atos; acrescente, também, o tempo que ficou ocioso e improdutivo; verá que tem menos anos do que conta. Consulte sua memória e considere quando teve um objetivo, quantos dias se passaram como você pretendia, quando teve tempo para si mesmo, quando seu rosto teve sua expressão natural, quando a sua mente não foi perturbada, quanto trabalho realizou em uma vida tão longa, quantos roubaram sua vida quando você sequer sabia que a estava perdendo, quanto foi ocupado por tristeza inútil, por alegria tola, por desejo ganancioso, pelas seduções da sociedade, quão pouco de si mesmo foi deixado para você. Perceberá, então, que está morrendo antes do tempo!"[8] Qual é, pois, a razão disto? Você vive como se estivesse destinado a viver para sempre, nenhum pensamento sobre sua fragilidade entra em sua cabeça, sem dar atenção para quanto tempo já passou. Desperdiça tempo como se dele tivesse um suprimento completo e abundante, embora aquele dia que você concede a alguma pessoa ou coisa possa ser seu último. Você tem todos os medos dos mortais e todos os desejos dos imortais. Ouvirá muitos homens dizendo: "Depois de meu quinquagésimo ano, irei me retirar para o lazer, meu sexagésimo ano me libertará dos deveres públicos." E que garantia tem de que sua vida se prolongará? O que irá permitir que seu curso seja exatamente como você o planejou? Você não se envergonha de reservar para si mesmo apenas o final da vida e de separar para a sabedoria apenas a idade improdutiva? É muito tarde para começar a viver justamente quando devemos deixar de viver! Que tolo esquecimento dos mortais adiar os planos benéficos para o quinquagésimo ou sexagésimo ano e ter a intenção de começar a vida a partir de um ponto que poucos alcançaram!

---

[8] Literalmente, "imaturo". Aos 100 anos, ele deve "vir para a sepultura em plena idade, como uma espiga de milho chega a seu tempo" (Jo v. 26); mas ele ainda não está maduro.

Até o deificado Augusto,
a quem os deuses concederam
mais do que a qualquer outro homem,
não cessou de orar pedindo
descanso e de buscar a libertação
dos negócios públicos.
Todas as suas conversas sempre voltavam
a este assunto – sua esperança
de ócio. Essa era a doce, mesmo que vã,
consolação com a qual alegrava seu
trabalho – a de que um dia
viveria para si mesmo.

IV

VOCÊ VERÁ QUE OS HOMENS mais poderosos e bem colocados fazem comentários nos quais demonstram ansiar pelo ócio, aclamando-o e preferindo-o a todas as bênçãos. Eles desejam, às vezes, se possível com segurança, descer de seu alto pináculo, pois, embora nada que venha de fora os ameace ou abale, a fortuna desaba sob seu próprio peso[9].

Até o deificado Augusto[10], a quem os deuses concederam mais do que a qualquer outro homem, não cessou de orar pedindo descanso e de buscar a libertação dos negócios públicos. Todas as suas conversas sempre voltavam a este assunto – sua esperança de ócio. Essa era a doce, mesmo que vã, consolação com a qual alegrava seu trabalho – a de que um dia viveria para si mesmo. Em uma carta dirigida ao Senado, na qual prometia que o seu descanso não seria destituído de dignidade nem incoerente com sua glória anterior, encontro estas palavras: "Mas tais questões podem ser mais bem demonstradas por atos do que por promessas. No entanto, visto que a alegre realidade ainda está muito distante, meu desejo por esse tempo, pelo qual oro com tanto fervor, levou-me a anteceder algo de seu deleite pelo prazer das palavras." O ócio era algo tão desejado que ele o antecipou em pensamento, porque não poderia vivê-lo de fato. Aquele que via tudo dependendo apenas de si mesmo, que determinava a

---

[9] A ideia é que a grandeza afunda sob seu próprio peso. Cf. Sêneca, Agamenon, 88 sq.
[10] Caio Otávio, Augusto (63 a.C. – 14 d.C.), o primeiro imperador de Roma.

sorte dos indivíduos e das nações, pensava com muita felicidade naquele dia futuro em que deveria deixar de lado sua grandeza. Ele havia descoberto quanto suor essas bênçãos que brilhavam por todas as terras lhe traziam à fronte, quantas preocupações secretas escondiam. Forçado a lançar armas primeiro contra seus conterrâneos, depois contra seus pares e, por último, contra seus parentes, ele derramou sangue na terra e no mar.

Pela Macedônia, Sicília, Egito, Síria e Ásia, por quase todos os países, ele seguiu o caminho da batalha e, quando suas tropas estavam cansadas de derramar sangue romano, ele as dirigiu para as guerras estrangeiras. Enquanto ele pacificava as regiões alpinas e subjugava os inimigos plantados no meio de um império pacífico, enquanto estendia seus limites até além do Reno e do Eufrates e do Danúbio, em Roma as espadas de Murena, Cepião, Lépido, Egnácio e outros se voltavam contra ele. Ainda não havia escapado de suas tramas, quando sua filha[11] e todos os jovens nobres que estavam ligados a ela pelo adultério como por um juramento sagrado frequentemente alarmavam seus anos de declínio – e havia ainda, Paulino, a necessidade de temer uma mulher em aliança com um Antônio[12]. Ele cortava essas úlceras[13] com as próprias mãos, e outras já apareciam em seu lugar; assim como em um corpo ferido e sangrando, sempre outra parte se rompia. E por isso ansiava pelo ócio, na esperança e no pensamento de que encontrasse alívio para seu trabalho. Esta foi a oração de quem soube responder às orações da humanidade.

---

[11] A notória Julia, que foi banida por Augusto para a ilha de Pandataria.

[12] Em 31 a.C. Augusto havia sido lançado contra Marco Antônio e Cleópatra; em 2 a.C. Julo Antônio foi condenado à morte por causa de sua intriga com Júlia, a filha mais velha do imperador.

[13] A linguagem é uma reminiscência da caracterização do próprio Augusto de Júlia e seus dois netos em Suetônio (Aug. 65. 5): *"nec (solebat) aliter eos appellare quam tris vomicas ac tria carcinomata sua"* ("seu trio de furúnculos e trio de úlceras").

*Mas, na verdade, nunca o homem sábio
recorrerá a um nome tão humilde,
nunca será meio prisioneiro aquele
que sempre possuiu
uma liberdade inalterada e estável,
sendo livre e senhor de si
mesmo, elevando-se sobre todos os outros.*

V

Marco Cícero, tendo vivido muito entre homens como Catilina e Clódio, Pompeu e Crasso, alguns inimigos declarados, outros amigos duvidosos, enquanto era arremessado de um lado para o outro junto com o Estado, tentando mantê-lo longe da destruição até ser finalmente varrido, incapaz de ter sossego na prosperidade ou serenidade na adversidade, quantas vezes amaldiçoou seu consulado, que tanto havia louvado, embora não sem razão! Quão lacrimosas são as palavras que ele usa em uma carta[14] escrita a Ático, quando Pompeu, o velho, havia sido vencido, e o filho ainda tentava restaurar as armas despedaçadas na Espanha! "Você me pergunta", disse ele, "o que estou fazendo aqui?" Ele então prossegue, fazendo outras declarações, nas quais lamenta sua vida anterior, reclama do presente e se desespera com relação ao futuro. Cícero disse que era "meio prisioneiro". Mas, na verdade, nunca o homem sábio recorrerá a um nome tão humilde, nunca será meio prisioneiro aquele que sempre possuiu uma liberdade inalterada e estável, sendo livre e senhor de si mesmo, elevando-se sobre todos os outros. Pois o que pode ser superior àquele que está acima da Fortuna?

---

[14] Não existe.

*Seria supérfluo mencionar aqueles
que, embora outros os
considerassem os mais felizes entre
os homens, expressaram
sua repulsa por cada ato que realizaram
ao longo de seus anos
e, com seus próprios lábios, deram
verdadeiro testemunho contra
si mesmos. Mas, com essas queixas,
não mudaram nem a
si próprios nem aos outros, pois,
enquanto expressavam seus
sentimentos em palavras,
as paixões faziam-nos voltar
aos antigos costumes.*

VI

QUANDO LÍVIO DRUSO[15], homem ousado e enérgico, tinha, com o apoio de uma grande multidão de toda a Itália, proposto novas leis contra as medidas perversas dos Gracos, não vendo saída para sua política, a qual ele não poderia realizar nem abandonar, uma vez que já tinha sido lançada, lamentou amargamente a vida de inquietação que teve desde o berço e exclamou que era a única pessoa que nunca teve férias, mesmo quando criança. Pois, enquanto ainda estava sob custódia e vestia a toga pretexta[16], teve coragem de recomendar os réus ao júri de forma tão veemente que, de fato, em certos julgamentos obteve veredito favorável. Até onde essa ambição prematura não levaria? Ninguém poderia saber que essa avidez precoce resultaria em grande infortúnio pessoal e público. E, portanto, era tarde demais para reclamar que nunca havia tirado férias quando desde a infância tinha sido um criador de problemas e um estorvo no Fórum. Discute-se se ele morreu por suas próprias mãos, pois faleceu de um ferimento repentino recebido na virilha. Alguns duvidam que sua morte tenha sido voluntária, ninguém, porém, tem dúvida de que foi oportuna.

---

[15] Como tribuno, em 91 a.C., ele propôs uma lei do grão e a concessão da cidadania romana aos outros povos da península italiana.

[16] A toga pretexta era usada pelos altos funcionários e generais, bem como pelos adolescentes até os 17 anos, quando recebiam nova vestimenta, a toga viril.

Seria supérfluo mencionar aqueles que, embora outros os considerassem os mais felizes entre os homens, expressaram sua repulsa por cada ato que realizaram ao longo de seus anos e, com seus próprios lábios, deram verdadeiro testemunho contra si mesmos. Mas, com essas queixas, não mudaram nem a si próprios nem aos outros, pois, enquanto expressavam seus sentimentos em palavras, as paixões faziam-nos voltar aos antigos costumes. O céu sabe! Vidas como essa, mesmo que ultrapassem mil anos, se tornarão um período ínfimo; seus vícios vão consumir todos esses anos. O espaço de tempo que temos – e que a razão pode prolongar – necessariamente escapa com rapidez. Você não pode agarrá-lo, nem o reter, nem fazer demorar a coisa mais fugidia do mundo, mas permite que escape como se fosse algo supérfluo e possível de ser substituído.

Acredite em mim, é preciso um grande homem, alguém que se elevou muito acima das fraquezas humanas para não permitir que nada de seu tempo lhe seja roubado, e segue-se que a vida de tal homem é muito longa porque ele dedicou inteiramente a si mesmo todo o tempo que teve. Não negligenciou seu tempo, tampouco ficou ocioso.

VII

CONTUDO, entre os piores coloco também aqueles que não têm tempo para nada além do vinho e da luxúria, pois ninguém se ocupa com coisas mais vergonhosas. Os outros, mesmo que possuídos pelo vão sonho de glória, perdem-se de maneira decente. Você pode citar os homens avarentos, irados, que se ocupam com ódios e guerras injustas. Todos eles, pelo menos, pecam de maneira mais viril. Mas aqueles que se abandonam aos prazeres do ventre[17] e à luxúria carregam uma mancha desonrosa. Examine como essas pessoas passam seu tempo[18]. Veja quanto de seu tempo dedicam aos cálculos, quanto a armar ciladas, quanto a temer, quanto a bajular, quanto sendo cortejado, quanto tempo é gasto em banquetes – pois mesmo estes agora se tornaram uma questão de negócios –, e você verá como seus interesses, quer você os chame de maus ou bons, não lhes dão tempo de respirar.

Finalmente, todos concordam que nenhum sucesso é alcançado por um homem que se ocupa com muitas coisas – não pode se dedicar à eloquência, nem aos estudos liberais –, uma vez que a mente, distraída por interesses divididos, não absorve nada profundamente, mas rejeita tudo que lhe é imposto. Não há nada com que o homem ocupado se ocupe menos do que

---

[17] Isto é, à gula.

[18] Ou seja, os vários tipos de *occupati* que foram apresentados de forma esquemática. A frouxidão da estrutura levou alguns editores a duvidar da integridade da passagem.

viver: não há nada mais difícil de aprender. Para as outras artes, há muitos mestres em todos os lugares; algumas dessas artes, notamos que meros meninos as dominaram tão profundamente que poderiam até ensiná-las. A vida inteira é necessária para se aprender a viver e – talvez isto o faça pensar ainda mais – a vida inteira é necessária para se aprender a morrer. Muitos grandes homens, tendo deixado de lado todos os seus estorvos, tendo renunciado às riquezas, negócios e prazeres, assumiram como seu único objetivo, até o fim da vida, aprender a como viver. No entanto, a maior parte partiu da vida confessando que ainda não sabia – e menos ainda aprenderam aqueles dos quais já falei. Acredite em mim, é preciso um grande homem, alguém que se elevou muito acima das fraquezas humanas para não permitir que nada de seu tempo lhe seja roubado, e segue-se que a vida de tal homem é muito longa porque ele dedicou inteiramente a si mesmo todo o tempo que teve. Não negligenciou seu tempo, tampouco ficou ocioso. Em nenhum momento esteve sob o controle de outro, pois, guardião cioso, não encontrou nada que valesse a pena ser trocado por seu tempo. Assim, esse homem teve tempo suficiente, mas aqueles cujas vidas foram roubadas pelos negócios com o público, necessariamente tiveram muito pouco.

    E não há razão para supor que essas pessoas não estão cientes de seus erros. Na verdade, você ouvirá muitos dos que são oprimidos por sua grande prosperidade gritar, às vezes, em meio às multidões de clientes, ou às suas causas no tribunal, ou às suas outras misérias gloriosas: "Não tenho chance de viver!" Claro que não tem! Todos os que o chamam para

---

[19] Ou seja, ela se tornou a presa dos caçadores de herança.

si o afastam dele mesmo. Quantos dias aquele réu roubou de você? E esse candidato? E aquela velha, cansada de enterrar seus herdeiros?[19] E aquele homem que finge doença com o propósito de excitar a ganância dos caçadores de testamentos? E aquele amigo muito poderoso que tem você e os seus na sua lista, não de amigos, mas de sua comitiva? Conte, digo eu, e reveja os dias de sua vida; verá que muito poucos foram deixados para você mesmo. Aquele homem que orou pelos fasces[20], quando alcança seu desígnio, deseja colocá-lo de lado e se pergunta repetidamente: "Quando este ano acabará?" Aquele homem patrocina jogos públicos[21], e, depois de atribuir grande valor a ter a chance de patrociná-los, agora se questiona: "Quando vou me livrar disto?" Esse advogado é celebrado por todo o Fórum e enche o lugar com uma multidão tão grande que as últimas fileiras não o ouvem, mas está sempre se indagando: "Quando chegarão as férias?" Todos apressam a vida e sofrem com a ânsia do futuro e o tédio do presente. Mas aquele que dedica todo o seu tempo às próprias necessidades, que planeja cada dia como se fosse o último, não anseia nem teme o amanhã. Pois que novo prazer existe que qualquer hora já não lhe possa trazer? Todos são conhecidos, todos foram desfrutados ao máximo. A Senhora Fortuna[22] pode cuidar do resto como bem quiser: sua vida já está assegurada. Algo pode lhe ser acrescentado, mas nada tirado, e mesmo que ele aceite qualquer acréscimo, será como alimentar o homem que, já satisfeito e farto, aceita o alimento sem o desejar. E, portanto, não há razão para pensar que um homem viveu muito porque

---

[20] As hastes, ou varas, que eram o símbolo de um alto cargo.

[21] Nessa época, a gestão dos jogos públicos estava comprometida com os pretores.

[22] A deusa Fortuna, dos romanos.

tem cabelos grisalhos ou rugas; ele não viveu muito, apenas existiu muito. Ou você pensa que fez uma longa viagem o homem pego por violenta tempestade assim que deixou o porto e, jogado de um lado para outro por uma sucessão de ventos que sopravam de diferentes direções, foi levado a navegar em círculos? Ele não viajou muito; apenas se movimentou muito.

*A vida seguirá
o caminho que começou e não
reverterá nem interromperá
seu curso. Não fará barulho, não o
lembrará de sua rapidez.
Silenciosa, ela deslizará. Não se
prolongará pelo comando de
um rei ou pelos aplausos do povo.
Assim como foi iniciada, irá
correr. Em nenhum lugar se desviará,
em nenhuma parte irá se
demorar. E qual será o resultado? Você
está ocupado, e a vida se apressa.*

VIII

UITAS VEZES FICO MARAVILHADO quando vejo alguns homens exigindo o tempo de outros e aqueles a quem pedem serem complacentes. Ambos consideram o tempo pedido como se o que é pedido não fosse nada e o que é dado também não fosse nada. Os homens brincam com a coisa mais preciosa do mundo, mas estão cegos para esse fato, pois é uma coisa incorpórea, que não está à vista, e por esta razão é considerada muito barata – ou melhor, quase sem valor algum. Os homens atribuem grande importância a pensões e a subsídios e a tais coisas dedicam seu trabalho, cuidados e esforços. Entretanto, ninguém valoriza o tempo. Todos o usam prodigamente, como se não custasse nada. Veja, porém, como essas mesmas pessoas jogam-se aos pés dos médicos, se adoecem e o perigo de morte se aproxima. Veja como estão prontas, se ameaçadas com a pena de morte, a gastar todos os seus bens para viver! Tamanha é a inconsistência de seus sentimentos. Contudo, se cada um pudesse saber o número de seus anos futuros, como sabem os que se passaram, quão alarmados ficariam os que vissem que lhes resta apenas alguns poucos, quão ciumentos deles seriam! E, no entanto, se é fácil administrar o que, embora pouco, é certo, deve-se conservar com muito cuidado o que não se pode saber quando acabará.

No entanto, não há razão para você supor que essas pessoas não saibam quão precioso é o tempo, pois, para aqueles a quem amam com mais devoção, têm o hábito de dizer que estão prontos para dar-lhes uma parte de sua própria vida. E dão, sem perceber. Entretanto, o resultado de sua doação é que eles próprios sofrem perdas sem aumentar os anos de seus entes queridos. A única coisa que não sabem, porém, é que estão sofrendo uma perda. Assim, algo que se perdeu sem ser notado é suportável. No entanto, ninguém vai trazer de volta o tempo perdido, ninguém vai lhe conceder uma segunda vez. A vida seguirá o caminho que começou e não reverterá nem interromperá seu curso. Não fará barulho, não o lembrará de sua rapidez. Silenciosa, ela deslizará. Não se prolongará pelo comando de um rei ou pelos aplausos do povo. Assim como foi iniciada, irá correr. Em nenhum lugar se desviará, em nenhuma parte irá se demorar. E qual será o resultado? Você está ocupado, e a vida se apressa. Enquanto isso, a morte se aproxima, para quem, queira ou não, terá que se entregar.

*O poeta fala a você
sobre um dia, este mesmo dia que
está passando. Existe, então,
alguma dúvida de que para os infelizes
mortais, isto é, para os
homens ocupados, o dia mais belo é
o primeiro a fugir? A velhice
os surpreende enquanto suas mentes
ainda são infantis, e
chegam a ela despreparados e
desarmados, pois não tomaram
providências para isso.*

IX

PODE HAVER ALGO MAIS TOLO do que certas pessoas que deixam a prudência de lado? Elas se mantêm muito ocupadas a fim de poder viver melhor. Gastam a vida preparando-se para viver! Formulam seus propósitos com vistas ao futuro distante. Contudo, esse adiamento é o maior desperdício de vida, pois priva-as de cada dia, rouba delas o presente ao prometer algo no futuro. O maior obstáculo à vida é a expectativa, que nos faz apressar o amanhã e perder o hoje. Você renuncia àquilo que depende da Fortuna, bem como renuncia o que depende de você. Para onde olha? Que objetivo visa? Todas as coisas que ainda estão por vir jazem incertas. Viva imediatamente! Veja como o maior dos bardos clama e, como se inspirado por uma expressão divina, canta a salvadora canção: "O dia mais belo da vida é o que primeiro foge aos infelizes mortais."[23] "Por que demora?", ele pergunta. "Por que está tardando? A menos que você aproveite o dia, ele foge." Mesmo que o agarre, ainda assim ele fugirá. Portanto, você deve combater a rapidez do tempo com velocidade e, como de uma torrente que corre e que não fluirá para sempre, beber rapidamente. E, também, a declaração do poeta é admiravelmente formulada para censurar a cogitação infinita, pois não fala da "idade mais bela", mas do "dia mais belo". Por

---

[23] Virgílio, Geórgicas, iii. 66-67.

que, seja qual for o tamanho da sua avidez, você alonga o que parece lento e seguro do tempo, mas que lhe foge de tal maneira em uma longa série de anos e meses? O poeta fala a você sobre um dia, este mesmo dia que está passando. Existe, então, alguma dúvida de que para os infelizes mortais, isto é, para os homens ocupados, o dia mais belo é o primeiro a fugir? A velhice os surpreende enquanto suas mentes ainda são infantis, e chegam a ela despreparados e desarmados, pois não tomaram providências para isso. Tropeçaram nela de modo repentino e inesperado, sem ter percebido que estavam dela se aproximando dia após dia. Assim como uma conversa, leitura ou meditação profunda sobre algum assunto distrai o viajante e ele vê que chegou ao fim de sua jornada antes de perceber que estava se aproximando, da mesma forma ocorre com a incessante e rápida jornada da vida, que fazemos no mesmo ritmo, seja acordado ou dormindo, e aqueles que estão sempre ocupados só se dão conta disto no final.

*O presente oferece apenas um
dia de cada vez, e apenas por alguns
momentos, mas todos os
dias do passado aparecerão quando
você lhes ordenar; permitirão
que você os contemple e os conserve à sua vontade
– uma coisa que aqueles que estão
ocupados não têm tempo
de fazer. A mente imperturbável e
tranquila tem o poder de
vagar por todas as partes de sua
vida, porém, as mentes dos
ocupados, como se estivessem sob o
peso de um jugo, não podem
se voltar e olhar para trás.*

X

E EU ESCOLHESSE DIVIDIR minha proposição em argumentos e provas, muitos deles me ocorreriam por meio dos quais eu poderia provar que homens ocupados acham a vida muito curta. Fabiano[24], não como um catedrático, mas como um genuíno e antigo filósofo, costumava dizer que devemos lutar contra as paixões com a força principal, não com artifícios, e que a linha de batalha deve ser estabelecida visando um ataque ousado, em vez de infligir alfinetadas. Ele não aprovava sofismas, pois as paixões não devem ser apenas cortadas, mas esmagadas. Ainda assim, para que as vítimas delas não sejam censuradas, devem ser ensinadas e não meramente deploradas.

A vida é dividida em três períodos: o que foi, o que é e o que será. Destes, o tempo presente é breve, o futuro é duvidoso e o passado, certo. Pois este último é aquele sobre o qual a Fortuna perdeu o controle, é aquele que não pode ser trazido de volta. Os homens ocupados admitem isso, pois não têm tempo para olhar para o passado e, mesmo que tivessem, não lhes agrada recordar algo que veem com pesar. Não estão, portanto, dispostos a direcionar seus pensamentos para trás, para as horas mal empreendidas, pois os vícios se tornam óbvios se revisarem o passado, mesmo os que foram disfarçados

---

[24] Um professor muito admirado de Sêneca.

sob alguma sedução de prazer momentâneo. Eles não têm a coragem de voltar a essas horas. Ninguém volta voluntariamente seu pensamento ao passado, a menos que todos os seus atos tenham sido submetidos à censura de sua consciência, que nunca é enganada. Aquele que ambiciosamente cobiçou, orgulhosamente desprezou, imprudentemente conquistou, traiçoeiramente agiu, avidamente tomou, ou abundantemente esbanjou, deve temer sua própria memória. E, no entanto, esta é a parte do nosso tempo que é sagrada e separada, colocada fora do alcance de todos os percalços humanos e removida do domínio da Fortuna, a parte que não é inquietada por nenhuma necessidade, por nenhum medo, por nenhuma doença. Isto não pode ser perturbado nem arrebatado – é uma possessão perpétua e intrépida. O presente oferece apenas um dia de cada vez, e apenas por alguns momentos, mas todos os dias do passado aparecerão quando você lhes ordenar; permitirão que você os contemple e os conserve à sua vontade – uma coisa que aqueles que estão ocupados não têm tempo de fazer. A mente imperturbável e tranquila tem o poder de vagar por todas as partes de sua vida, porém, as mentes dos ocupados, como se estivessem sob o peso de um jugo, não podem se voltar e olhar para trás. E, então, sua vida desaparece em um abismo. E como não importa quanta água você despeje em um vaso se não houver fundo[25] para recebê-la e retê-la, assim é com o tempo – não faz diferença o quanto é dado. Se não há nada onde se estabelecer, sai pelas fendas e buracos da mente. O tempo presente é muito breve, tão breve, de fato, que para alguns parece não haver nenhum. Está sempre em

---

[25] Uma alusão ao destino das Danaides, que no Hades despejaram água para sempre em um recipiente com fundo furado

movimento, sempre flui e se apressa; cessa de existir antes de chegar e não pode tolerar atrasos mais do que o firmamento ou as estrelas, cujo movimento sempre inquietante nunca os deixa permanecer no mesmo caminho. Os ocupados, portanto, estão preocupados apenas com o tempo presente, e é tão breve que não pode ser apreendido, e mesmo isto é roubado deles, distraídos como estão com tantas coisas.

*Mas quando, finalmente, alguma
enfermidade os lembra de sua
mortalidade, em que terror eles morrem,
sentindo que estão sendo
arrastados para fora da vida, e não
apenas deixando-a. Eles
clamam que foram tolos, porque não
viveram realmente e que
viverão doravante no ócio, se apenas
escaparem dessa doença.
Então, por fim, refletem como inutilmente
se esforçaram por coisas
de que não gostavam e como todo
o seu trabalho foi em vão.*

XI

EM UMA PALAVRA, você quer saber como eles não "vivem muito"? Veja como estão ansiosos por viver muito! Velhos decrépitos imploram em suas orações por mais alguns anos. Fingem que são mais jovens do que são. Consolam-se com uma falsidade e têm o prazer de enganar a si mesmos como se, ao mesmo tempo, enganassem o destino. Mas quando, finalmente, alguma enfermidade os lembra de sua mortalidade, em que terror eles morrem, sentindo que estão sendo arrastados para fora da vida, e não apenas deixando-a. Eles clamam que foram tolos, porque não viveram realmente e que viverão doravante no ócio, se apenas escaparem dessa doença. Então, por fim, refletem como inutilmente se esforçaram por coisas de que não gostavam e como todo o seu trabalho foi em vão. Contudo, para aqueles cuja vida passa longe de todos os negócios, por que não deveria ser extensa? Nada disso é atribuído a outro, nada vai nesta direção e, como nada está comprometido com a sorte, nada perece por negligência, nada é subtraído pelo desperdício de doações, nada é inutilizado. Tudo isso, por assim dizer, gera renda. E assim, por menor que seja a quantidade, é abundantemente suficiente e, portanto, sempre que seu último dia chegar, o homem sábio não hesitará em ir ao encontro da morte com passo firme.

*E é tamanha a multidão de vícios inacreditáveis
surgidos nesta época – tão criativa
nisto –, que podemos acusar os
mimos de negligência. E pensar que
há quem esteja tão perdido no
luxo que precisa da palavra de outro
para saber se está sentado ou
não! Este homem, então, não é ocioso.
Você deve dar-lhe um nome
diferente – ele está doente; não, de fato,
está meio morto. O homem
que sabe de seu lazer é ocioso.*

XII

TALVEZ VOCÊ PERGUNTE a quem eu chamo de "ocupados"? Não há razão para supor que me refiro apenas àqueles que só saem do tribunal quando os cães[26] são soltos, ou àqueles que você vê serem gloriosamente esmagados por seu próprio séquito, ou, desdenhosamente, pelo de outra pessoa, nem àqueles a quem os deveres sociais tiram de suas casas para bater na porta de outro, ou a quem a lança do pretor[27] mantém ocupados por conta de uma causa em julgamento. Até o ócio de alguns homens é ocupado. Em sua vila ou em seu divã, em meio à solidão, embora tenham se afastado de todos os outros, eles próprios são a fonte de seus infortúnios. Deveríamos dizer que estes não estão vivendo no ócio, mas possuem uma ocupação indolente. Você diria que está ocioso aquele homem que arranja com cuidado seus bronzes coríntios, que lhe custam e que lhe consomem a maior parte do dia, ao passá-lo polindo lâminas enferrujadas? Quem se senta no local onde os rapazes se untam com óleo (pois, para nossa vergonha, temos com vícios que nem mesmo são romanos!) para vê-los lutar? Quem divide seus rebanhos de mulas de carga por idade e cor? Quem patrocina os atletas novos? Responda-me, você diria que são ociosos aqueles homens que passam muitas horas no barbeiro para serem despojados do que

---

[26] Aparentemente cães de guarda que eram deixados entrar ao anoitecer e pegavam o advogado ainda concentrado em sua tarefa.

[27] Literalmente, "lança", que foi cravada no chão como sinal de um leilão público onde mercadorias capturadas ou confiscadas eram colocadas à venda.

cresceu na noite anterior? Enquanto um debate solene é realizado sobre cada fio de cabelo? Enquanto as mechas desarrumadas são restauradas em seus lugares ou arranjadas deste lado ou daquele, conforme o que estiver mais ralo? Como se zangam se o barbeiro for descuidado, como se estivesse cortando os cabelos de um homem de verdade! Como eles se inflamam se parte de sua cabeleira é cortada, ou se algo estiver fora de ordem, se o penteado não tiver cachos idênticos! Quem destes não preferiam ver o Estado desordenado, mas não seu cabelo? Quem destes não está mais preocupado com a elegância de sua cabeça aparada do que com sua saúde? Quem deles não prefere mais estar bem barbeado do que ser justo? Você diria que esses que se ocupam do pente e do espelho são os ociosos? E o que dizer daqueles que estão empenhados em compor, ouvir e aprender canções, enquanto distorcem a voz, que a natureza fez ótima e simples, nos meandros de alguma melodia indolente? Os que estão sempre estalando os dedos enquanto marcam o tempo de alguma música que têm na cabeça, que até mesmo quando convocados para tratar de assuntos sérios e, muitas vezes, até melancólicos são ouvidos cantarolando uma canção? Estes não têm ócio, mas ocupações indolentes. E seus banquetes? Só os deuses sabem! Não os posso contar como horas de ócio, pois vejo com que ansiedade organizam suas baixelas de prata, com que diligência amarram as túnicas de seus lindos escravos, com que ansiedade olham para ver como o cozinheiro está preparando o javali, com que rapidez, a um dado sinal, escravos de rosto imberbe se apressam em cumprir seus deveres, com que habilidade os pássaros são trinchados em porções, tudo de acordo com a regra, com quanto cuidado os infelizes meninos limpam o vômito dos bêbados. Por tais meios, buscam a reputação de serrem luxuosos e elegantes, e seus males os acompanham por toda a sua vida, visto que não podem comer nem beber sem ostentação. E eu também não contaria entre os ociosos os homens que vão de um lado para o outro em carruagens e liteiras e que são pontuais nas horas de seus passeios como se fosse ilegal omiti-los; nem os que têm de ser lembrados por outros quando devem tomar banho, nadar e jantar. Estão tão enfraquecidos pela excessiva lassidão de um espírito mimado que não conseguem descobrir por si mesmos se estão com fome! Ouvi dizer que uma desses homens – se é que se pode chamar de homem quem desaprendeu os hábitos mais simples da vida humana –, ao ser retirado da banheira por várias mãos e colocado em sua liteira, perguntou: "Estou sentado agora?" Você acha que esse homem, que não sabe se está sentado, se está vivo, se está vendo, se está descansando, é ocioso? Acho difícil dizer se tenho mais pena daquele que realmente não sabe ou do que finge não saber. Muitos realmente estão sujeitos ao esquecimento de várias coisas, outros fingem. Alguns vícios os seduzem como se fossem provas de sua prosperidade. A eles parece ser inferior e desprezível saber o que se está fazendo. Não imagine que os mimos[28] exageram quando inventam farsas para zombar do luxo! Na verdade, eles ignoram mais do que inventam. E é tamanha a multidão de vícios inacreditáveis surgidos nesta época – tão criativa nisto –, que podemos acusar os mimos de negligência. E pensar que há quem esteja tão perdido no luxo que precisa da palavra de outro para saber se está sentado ou não! Este homem, então, não é ocioso. Você deve dar-lhe um nome diferente – ele está doente; não, de fato, está meio morto. O homem que sabe de seu lazer é ocioso. Mas esse outro que está meio vivo, que, para conhecer a posição do próprio corpo, precisa que alguém lhe diga – como pode ser dono de qualquer parte do seu tempo?

---

[28] Atores de mimes, ou farsas vulgares, que muitas vezes eram censurados por suas indecências. Não deve ser confundido com mímicos.

―――――――――――――

*Mas serve a algum propósito útil saber que
Pompeu foi o primeiro a promover a
matança de dezoito elefantes no
circo, lançando criminosos
contra eles em uma batalha? Ele,
um líder do Estado e que,
segundo o relato, se destacava entre
os antigos líderes pela
bondade de seu coração, considerava
um espetáculo notável
matar seres humanos de uma nova maneira.*

―――――――――――――

XIII

SERIA TEDIOSO EXAMINAR todos os que passaram a vida inteira jogando xadrez, bola ou bronzeando seus corpos ao sol. Aqueles cujos prazeres demandam muitas atividades não desfrutam do ócio. Ninguém terá a menor dúvida de que se cansam sem nada fazer, como, por exemplo, os que gastam seu tempo em problemas literários inúteis, que, até mesmo entre os romanos, já são em grande número. Já era uma fraqueza dos gregos indagar quantos remadores Ulisses tinha, se foi a *Ilíada* ou a *Odisseia* a primeira a ser escrita, se, além disso, eram do mesmo autor, e vários outros assuntos dessa natureza, que, se você guardar para si mesmo, de forma alguma agradará a sua alma secreta e, se torná-los públicos, fará com que seja considerado enfadonho, em vez de sábio. Mas agora essa paixão vã por aprender coisas inúteis também atacou os romanos. Um desses dias, ouvi alguém contar quem foi o primeiro general romano a fazer isso ou aquilo. Disse que Duílio foi o primeiro a vencer uma batalha naval, que Cúrio Dentato, o primeiro a levar elefantes em seu cortejo triunfal. Ainda assim, essas questões, mesmo que não levem à verdadeira glória, demonstram feitos cívicos. Tal conhecimento não traz proveito algum, porém, chama nossa atenção por causa da atratividade da façanha. Devemos desculpar também aqueles que investigam matérias semelhantes: quem primeiro convenceu os romanos a embarcar em um navio? Foi Cláudio, e por isso mesmo recebeu o sobrenome Caudex, porque entre os antigos uma estrutura formada pela união de várias tábuas era chamada de *caudex*, daí também as Tábuas da Lei serem chamadas de *códices*[29], e, à moda antiga, os barcos que transportam provisões pelo rio Tibre são até hoje chamados de *codicarie*. Sem dúvida, isso também pode ter algum valor, isto é, o fato de que Valério Corvino foi o primeiro a conquistar Messana[30] e foi o primeiro da família dos Valérios a adotar o sobrenome Messana, pois tomou o nome da cidade conquistada para si mesmo, e foi mais tarde chamado de Messala, após a corrupção gradual do nome pelo vulgo. Talvez você permita que alguém se interesse também por isso: o fato de que Lúcio Sula foi o primeiro a exibir leões soltos no circo, uma vez que antes eram exibidos acorrentados, e que arqueiros foram enviados pelo Rei Boco para exterminá-los? Sem dúvida, podemos fazer essa concessão. Mas serve a algum propósito útil saber que Pompeu foi o primeiro a promover a matança de dezoito elefantes no circo, lançando criminosos contra eles em uma batalha? Ele, um líder do Estado e que, segundo o relato, se destacava entre os antigos líderes[31] pela bondade de seu coração, considerava um espetáculo notável matar seres humanos de uma nova maneira. Eles lutam até a morte? Isto não basta! São feitos em pedaços? Isto não basta! Que sejam esmagados por animais de tamanho monstruoso! Melhor seria que essas coisas caíssem no esquecimento, para evitar que algum homem todo-poderoso as aprendesse e in-

---

[29] O antigo códice era feito de tábuas de madeira presas umas às outras.
[30] Atual Messina, na Sicília.
[31] Sem dúvida, assim como Mario, Sula, César, Crasso.

vejasse um ato tão desumano[32]. Oh, que cegueira a grande prosperidade lançou sobre nossas mentes! Quando ele atirou um bando de miseráveis contra feras nascidas sob um céu diferente, quando proporcionou uma guerra entre criaturas tão dessemelhantes, quando fez derramar tanto sangue diante dos olhos do povo romano, que em breve seria forçado a derramar muito mais, ele, então, acreditou que estava além do poder da natureza. Mais tarde, porém, esse mesmo homem[33], traído pela deslealdade alexandrina, ofereceu-se ao punhal do mais vil escravo e, por fim, descobriu que vanglória vazia era a ostentação de seu sobrenome[34].

Mas, voltando ao ponto onde me desviei e para mostrar que algumas pessoas dedicam esforços inúteis a esses mesmos assuntos, o homem que mencionei relatou que Metelo, quando de sua procissão triunfal, após sua vitória sobre os cartagineses na Sicília, foi o único de todos os romanos que fizeram com que cento e vinte elefantes capturados fossem conduzidos à frente de seu carro; que Sula foi o último dos romanos a prorrogar o *pomerium*[35], que antigamente se costumava fazer após a conquista de territórios italianos, mas nunca provinciais. É mais vantajoso saber que o Monte Aventino, segundo ele, ficava fora

---

[32] Plínio (Nat. Hist. Viii. 21) relata que as pessoas foram tão movidas pela pena que se levantaram em um só corpo e gritaram maldições sobre Pompeu. Cícero registrou as impressões de Cícero sobre a ocasião no Ad Fam. vii. 1. 3: *"extremus Elephantorum dies fuit, in quo admiratio magna vulgi atque turbae, delectatio nulla exstitit; quin etiam misericordia quaedam consecuta est atque opinio eiusmodi, esse quandam illi beluae cum genere humana societatem"* (Foi o último dia dos elefantes, em que não houve alegria na grande admiração do povo e da multidão; na verdade, ele também despertou pena e a opinião de que ele era um bruto e desumano).

[33] Pompeu.

[34] Ou seja, Magno.

[35] Um nome aplicado a um espaço consagrado mantido vago dentro e (segundo Tito Lívio, i. 44) fora da muralha da cidade. O direito de estendê-lo pertencia originalmente ao rei que havia adicionado território a Roma.

do pomerium por dois motivos, a conhecer, seja porque foi o lugar de onde os plebeus se afastaram, ou porque o voo dos pássaros não foi favorável quando Remo tomou seus auspícios naquele local – e, por sua vez, inúmeros outros relatos que estão repletos de falsidades ou são da mesma natureza? Pois, embora você concorde que eles contam tais coisas de boa-fé e se comprometem com a verdade do que escrevem, ainda assim, os enganos de quem serão mitigados por tais histórias? De quem irão refrear as paixões? A quem tornarão mais corajoso, mais justo, mais nobre? Meu amigo Fabiano costumava dizer que às vezes tinha dúvidas se não era melhor não se dedicar a estudo algum do que neles se enredar.

Quantos haverá cujo sono, a autocondescendência e a grosseria os afastarão! Quantos que, depois de os torturarem com longa espera, passarão correndo, fingindo que têm pressa! Quantos evitarão passar por um corredor lotado de clientes e escaparão por alguma porta oculta, como se não fosse mais indelicado enganar do que despedir?

XIV

E TODOS OS HOMENS, somente são ociosos os que dedicam seu tempo à Filosofia. Somente eles vivem realmente, pois não se contentam em ser bons guardiões apenas de sua própria vida. Eles somam cada Era à sua própria idade; todos os anos que se passaram antes deles são acrescidos aos seus. A menos que sejamos ingratos, todos esses homens, formadores gloriosos de pensamentos sagrados, nasceram para nós; para nós, eles prepararam um estilo de vida. Pelos trabalhos de outros homens, somos levados a ter a visão das coisas mais belas, arrancadas das trevas e trazidas à luz. De nenhum século somos excluídos, temos acesso a todos; e se é nosso desejo, pela grandeza de espírito, ultrapassar os estreitos limites da fraqueza humana, há um grande espaço de tempo pelo qual podemos vagar. Podemos argumentar com Sócrates, duvidar[36] com Carnéades, encontrar paz com Epicuro, superar a natureza humana com os estoicos, ultrapassá-la com os cínicos. Já que a natureza nos permite comungar com todas as épocas, por que não deveríamos deixar esta insignificante e fugaz passagem de tempo e nos entregar com toda a nossa alma ao passado, que é ilimitado, que é eterno, que compartilhamos com homens superiores?

Aqueles que se apressam no desempenho de seus deveres

---

[36] A Nova Academia ensinou que a certeza do conhecimento era inatingível.

sociais, que não dão descanso a si mesmos e nem aos outros, quando se entregaram totalmente à sua loucura, quando todos os dias cruzaram a soleira de todo mundo e não deixam de visitar nenhuma porta aberta, quando levam sua saudação mercenária às casas mais distantes – muito pouco terão visto em uma cidade tão grande e dilacerada por desejos tão variados. Quantos haverá cujo sono, a autocondescendência e a grosseria os afastarão! Quantos que, depois de os torturarem com longa espera, passarão correndo, fingindo que têm pressa! Quantos evitarão passar por um corredor lotado de clientes e escaparão por alguma porta oculta, como se não fosse mais indelicado enganar do que despedir? Quantos, ainda meio adormecidos e preguiçosos da devassidão da noite anterior, mal erguendo os lábios em um bocejo insolente, conseguem responder aos pobres coitados que interrompem seu próprio sono[37] para ficar esperando enquanto continuam a dormir?

Mas podemos dizer com justiça que aqueles que estão empenhados nos verdadeiros deveres da vida são somente os que, todos os dia, desejam ter Zenão, Pitágoras, Demócrito, Aristóteles, Teofrasto e todos os outros sumos sacerdotes dos estudos liberais como seus amigos íntimos. Nenhum deles faltará, nenhum deles deixará de fazer com que o seu visitante saia mais feliz e mais dedicado a si mesmo do que quando entrou, nenhum deles permitirá que alguém o deixe de mãos vazias. Todos os mortais podem estar com eles à noite ou durante o dia.

---

[37] A *salutatio*, quando os clientes iam saudar seu patrono, era realizada no início da manhã.

*Esta é a única maneira de prolongar a vida
– ou melhor, de transformá-la em
imortalidade. Honras, monumentos, toda aquela
ambição ordenada por decretos ou
erigida em obras de pedra,
rapidamente se transformam em
ruína. Não há nada que o lapso
do tempo não destrua e aniquile.
Mas as obras que a Filosofia
consagrou não podem ser arruinadas
pelo tempo. Nenhuma
idade as destruirá ou as diminuirá.*

XV

ENHUM DELES O LEVARÁ para a morte, mas todos ensinarão você a morrer. Nenhum deles desperdiçará os seus anos, mas cada qual somará seus próprios anos aos seus. Nunca as conversas com eles lhe trarão perigo, nem a amizade deles porá em perigo sua vida, nem sua companhia irá sobrecarregar sua bolsa. Deles, conseguirá o que quiser. Não será culpa deles se você não extrair o máximo que puder. Que felicidade, que bela velhice aguarda aquele que se ofereceu como cliente desses homens! Ele terá amigos a quem poderá pedir conselho sobre questões maiores e menores, a quem poderá consultar todos os dias sobre si mesmo, de quem poderá ouvir a verdade sem ser insultado, elogiado sem ser lisonjeado e a quem poderá se moldar à sua semelhança.

Costumamos dizer que não estava em nosso poder escolher os pais que a Fortuna nos deu, que eles foram dados aos homens por acaso. No entanto, podemos ter um nascimento de acordo com nossa escolha[38]. Há famílias do mais nobre intelecto. Escolha aquela na qual deseja ser adotado. Você herdará não apenas seu nome, mas até mesmo sua propriedade, que não haverá necessidade de guardar com espírito miserável ou mesquinho, pois quanto mais for compartilhada, maior se tornará.

---

[38] Refere-se ao costume romano de adoção, mas sugerindo que Paulino escolha ser "adotado" por algum filósofo ou escola filosófica.

Isto abrirá para você o caminho para atingir a imortalidade e o elevará a uma altura da qual ninguém corre o risco de cair. Esta é a única maneira de prolongar a vida – ou melhor, de transformá-la em imortalidade. Honras, monumentos, toda aquela ambição ordenada por decretos ou erigida em obras de pedra, rapidamente se transformam em ruína. Não há nada que o lapso do tempo não destrua e aniquile. Mas as obras que a Filosofia consagrou não podem ser arruinadas pelo tempo. Nenhuma idade as destruirá ou as diminuirá. A próxima Era e as seguintes apenas aumentarão a reverência por elas, visto que a inveja atua apenas sobre o que está próximo e temos mais liberdade para admirar as coisas que estão distantes. A vida do filósofo, portanto, tem amplo espectro, e ele não está confinado pelos mesmos limites que os outros. Só ele está livre das limitações da raça humana. Todas as Eras o servem como a um deus. Algo se perde no tempo? Ele recupera por meio da memória. Está no presente? Ele aproveita. Ainda está por vir? Ele antecipa. Ele prolonga sua vida combinando todos os tempos em um só.

Em sua loucura, são atormentados por emoções oscilantes que os impelem exatamente em direção às coisas que temem. Muitas vezes oram pela morte porque a temem. E, também, você não deve pensar que isso constitui prova de que estão vivendo mais – o fato de que o dia muitas vezes lhes parece longo, ou de se queixarem que as horas até o jantar passam devagar, porque, sempre que suas ocupações lhes faltam, ficam inquietos por não ter nada a fazer e não saber como dispor de seu ócio ou aproveitar o tempo.

XVI

AS AQUELAS QUE ESQUECEM o passado, negligenciam o presente, temem o futuro têm uma vida muito breve e atribulada. Quando chegam ao seu fim, os pobres coitados percebem tarde demais que, por muito tempo, estiveram ocupados em nada fazer. Tampouco, porque às vezes invocam a morte, você deve achar que isso é prova de que tenham tido uma existência longa. Em sua loucura, são atormentados por emoções oscilantes que os impelem exatamente em direção às coisas que temem. Muitas vezes oram pela morte porque a temem. E, também, você não deve pensar que isso constitui prova de que estão vivendo mais – o fato de que o dia muitas vezes lhes parece longo, ou de se queixarem que as horas até o jantar passam devagar, porque, sempre que suas ocupações lhes faltam, ficam inquietos por não ter nada a fazer e não saber como dispor de seu ócio ou aproveitar o tempo. Desse modo, esforçam-se para se ocupar com algo, e o tempo entre um afazer e outro lhes é enfadonho. É exatamente como fazem quando uma exibição de gladiadores é anunciada, ou quando estão esperando algum outro espetáculo ou diversão: querem pular os dias que antecedem o evento. Toda espera lhes é penosa. No entanto, o momento que desejam é breve e rápido, tornando-se muito mais curto por sua própria culpa, pois fogem de um prazer para outro sem permanecer fixos em apenas um desejo. Seus dias não são longos, mas odiosos. Por outro lado, quão curtas lhes parecem as noites que passam nos braços de alguma prostituta ou entregues ao vinho! Isso também explica a loucura dos poetas, que fomentam os erros humanos com histórias em que representam Júpiter, dominado pelo desejo carnal, dobrando a duração da noite[39]. Pois o que é senão inflamar nossos vícios ter os deuses como seus patrocinadores e desculpar nossa própria fraqueza por meio do exemplo da divindade? As noites pelas quais pagam tão caro podem deixar de parecer muito curtas para esses homens? Perdem o dia esperando a noite, e a noite, com medo do amanhecer.

---

[39] Júpiter fez a noite durar o dobro do tempo para poder melhor desfrutar da companhia de Alcmena.

Com efeito, tudo o que vem do acaso é instável e quanto mais alto sobe mais provável é que caia. Além disso, o que está condenado a perecer não traz prazer a ninguém. Muito miserável, portanto – e não apenas curta –, deve ser a vida daqueles que trabalham duro para ganhar o que precisam e se esforçam ainda mais para isso conservar. Por meio de grande esforço alcançam o que desejam e com ansiedade retêm o que alcançaram. Enquanto isso, não levam em conta o tempo que nunca mais voltará.

XVII

OS PRAZERES DE TAIS HOMENS são inquietos e abalados por aflições de vários tipos, e, mesmo nos momentos de grande alegria, pensamentos angustiantes lhes sobrevêm: "Quanto tempo isso vai durar?" Esse sentimento levou reis a lastimar o poder que possuíam, tampouco os consolou a grandeza de sua sorte, mas viram com terror o fim da sua ventura. Quando o rei da Pérsia[40], com toda a insolência emergida de seu orgulho, colocou seu exército sobre as vastas planícies, sem conseguir medir seu número, apenas compreender seu tamanho pela extensão que ocupava[41], derramou copiosas lágrimas, porque, em cem anos, nenhum homem daquele exército tão poderoso estaria vivo[42]. Mas aqueles por quem chorou, ele próprio os faria perecer, alguns no mar, outros na terra, uns em batalha, outros na fuga, e, em pouco tempo, destruiria todos aqueles por cujo centésimo ano ele tanto temeu. E, então, até mesmo suas alegrias são cheias de ansiedade? Porque elas não se baseiam em fundamentos estáveis, mas são perturbadas pela mesma inutilidade que as faz nascer. Entretanto, quais você acha que são os momentos miseráveis das vidas de tais reis, visto que, mesmo as alegrias pelas

---

[40] Xerxes, que invadiu a Grécia em 480 a.C.
[41] Na planície de Doriscus, na Trácia, a enorme força terrestre foi estimada contando o número de vezes que um espaço capaz de conter 10.000 homens (Heródoto, vii. 60).
[42] Heródoto, vii. 45, 46.

quais são exaltados e elevados acima da humanidade, não lhes oferece de maneira alguma a felicidade pura? Todas as maiores bênçãos são fonte de ansiedade, e em nenhum momento a sorte é confiável. Para manter a prosperidade, há necessidade de outra prosperidade, e em prol das orações que foram atendidas, devemos fazer ainda outras. Com efeito, tudo o que vem do acaso é instável e quanto mais alto sobe mais provável é que caia. Além disso, o que está condenado a perecer não traz prazer a ninguém. Muito miserável, portanto – e não apenas curta –, deve ser a vida daqueles que trabalham duro para ganhar o que precisam e se esforçam ainda mais para isso conservar. Por meio de grande esforço alcançam o que desejam e com ansiedade retêm o que alcançaram. Enquanto isso, não levam em conta o tempo que nunca mais voltará. Novas preocupações tomam o lugar das antigas; a esperança realizada faz nascer nova esperança; a ambição, nova ambição. Eles não procuram o fim de sua miséria, mas mudam sua causa. Temos sido atormentados por nossos cargos públicos? Os assuntos dos outros ocupam nosso tempo mais que qualquer outra coisa. Desejamos trabalhar como candidatos? Começamos como eleitores. Já nos livramos da penosa função de promotor? Passamos a juízes. Deixou de ser juiz? Torna-se pretor. Envelheceu administrando a propriedade de outros em troca de salário? Fica ocupado em cuidar de sua própria riqueza. O exército[43] liberou Mário? Assume o consulado. Quíntio[44] se apressa a largar a ditadura? Será chamado de volta do arado[45]. Cipião irá contra os cartagineses antes mesmo de estar maduro para tão grande empreendimen-

---

[43] No original, *Caliga*, a bota do soldado comum, mas aqui usado como sinônimo de serviço militar.
[44] Sua primeira nomeação foi anunciada enquanto ele estava arando seus próprios campos.
[45] Anos após sua ditadura, Quíntio foi novamente convocado.

to; vitorioso sobre Aníbal e sobre Antíoco, a glória de seu próprio consulado, garantia do de seu irmão[46], se ele próprio não tivesse impedido, seria colocado ao lado de Jove[47]. Contudo, a discórdia dos civis se voltará contra seu salvador, e, tendo na juventude recusado honras que o tinham igualado aos deuses, por fim, já velho, sua ambição seria apenas o deleite de um exílio tranquilo[48]. Nunca faltarão razões para ansiedade, tenha-se nascido na prosperidade ou na miséria. A vida avança em uma sucessão de envolvimentos. Sempre iremos desejar o ócio, mas nunca o aproveitar.

---

[46] Lúcio.
[47] Ele não permitiu que sua estátua fosse colocada no Capitólio.
[48] Desgostoso com a política, ele morreu no exílio.

*Não faltarão homens de valor bem mais aptos a
carregar pesos. Bois pesados são
muito mais adequados para
carregar cargas pesadas do que
cavalos puro-sangue, e quem
já oprimiu a agilidade de tais criaturas
nobres com uma carga
pesada? Reflita, além disso, quanta
preocupação provoca um
fardo tão penoso. Suas ocupações
serão com o ventre do homem.
Um povo faminto não escuta a razão,
nem se apazigua com a justiça,
nem se inclina por qualquer súplica.*

XVIII

ASSIM, meu caro Paulino, afaste-se da multidão e, já bastante cansado pela duração da sua vida, retire-se para um porto pacífico. Pense em quantas agitações superou, quantas tempestades enfrentou, por um lado, na vida privada e, por outro, na vida pública. Durante muito tempo sua virtude tem sido demonstrada por meio de provas laboriosas e incessantes. Experimente agora sua virtude no ócio. A maior parte de sua vida, certamente a melhor parte, foi dedicada ao Estado. Agora, dedique também parte do seu tempo para você mesmo. E eu não o estou convidando para a inércia ou a preguiça, ou para afogar o seu vigor no sono, nem nos prazeres que são caros à multidão. Isso não é descansar. Encontrará trabalhos muito maiores do que todos os que você executou com tanta energia até agora para ocupá-lo em meio ao seu retiro e sem preocupações. Você, eu sei, administra os afazeres do mundo tão honestamente quanto os de outros, tão cuidadosamente como faria com os seus próprios, tão conscienciosamente como faria com os do Estado. Você recebe afeição em um ofício em que é difícil evitar o ódio, mas, no entanto, acredite em mim, é melhor se ocupar da própria vida do que dos estoques de grãos[49]. Dedique sua mente perspicaz, que é a mais competente para lidar com os maiores assuntos,

---

[49] Aqui, fica clara a ocupação de Paulino, cf. Nota 1.

a um serviço realmente honroso, mas pouco preparado para uma vida feliz, e reflita que em toda a sua formação nos estudos liberais, que começa nos seus primeiros anos, você não foi instruído para se ocupar com a quantidade de grãos de trigo. Aspirava coisas maiores e mais elevadas. Não faltarão homens de valor bem mais aptos a carregar pesos. Bois pesados são muito mais adequados para carregar cargas pesadas do que cavalos puro-sangue, e quem já oprimiu a agilidade de tais criaturas nobres com uma carga pesada? Reflita, além disso, quanta preocupação provoca um fardo tão penoso. Suas ocupações serão com o ventre do homem. Um povo faminto não escuta a razão, nem se apazigua com a justiça, nem se inclina por qualquer súplica. Muito recentemente, poucos dias após a morte de Caio César[50] – ainda sofrendo demais (se é que os mortos têm algum sentimento) porque ele sabia que o povo romano tinha sobrevivido a ele[51] e tinha alimento suficiente para, pelo menos, sete ou oito dias, enquanto estava construindo sua ponte de navios[52] e brincando com os recursos do império, fomos ameaçados com o pior mal que pode sobrevir aos homens mesmo durante um cerco – a falta de provisões. Sua imitação de um rei louco, estrangeiro e desonesto[53] quase custou à cidade a destruição, a fome e a desordem geral que se segue à fome. Qual deve ter sido a sensação daqueles que estavam encarregados do abastecimento de grãos e tiveram que enfrentar as pedras, a espada, o fogo – e a fúria de Calígula?

---

[50] Calígula.

[51] Provavelmente uma alusão ao desejo louco de Calígula. Editores anteriores apontam que a lógica de toda a passagem sofre com a incerteza do texto.

[52] Com cerca de 5,6 km (três milhas e meia) de comprimento.

[53] Xerxes, que construiu uma ponte de barcos sobre o Helesponto para invadir a Grécia.

Com a maior dissimulação, esconderam o grande mal alojado nos órgãos vitais do Estado – e com bons motivos, pode estar certo. Com efeito, certas doenças devem ser tratadas enquanto o paciente as ignora. O conhecimento de seu mal já causou a morte de muitos.

*Que destino aguarda sua alma?
Onde a natureza nos coloca
para descansar quando somos
libertados do corpo? Qual
é o princípio que sustenta a matéria
mais pesada no centro
deste mundo, que suspende os mais
leves, leva o fogo às regiões
superiores, coloca as estrelas em sua rotação
e outros fenômenos maravilhosos?
Você deve, com efeito, deixar a terra
e voltar sua mente para essas coisas!*

XIX

BUSQUE REFÚGIO nas coisas mais tranquilas, mais seguras e mais elevadas! Você pensa que é a mesma coisa estar preocupado com que o trigo de além-mar chegue aos celeiros ileso, livre da fraude ou da negligência de quem o transporta, cuidar para que seja armazenado de modo adequado para que não fique exposto ao calor ou se estrague pela umidade e, finalmente, que o peso e a medida estejam de acordo com o esperado[54], ou dedicar-se a esses sagrados e elevados estudos que revelarão a substância, o prazer, a condição, a forma de Deus? Que destino aguarda sua alma? Onde a natureza nos coloca para descansar quando somos libertados do corpo? Qual é o princípio que sustenta a matéria mais pesada no centro deste mundo, que suspende os mais leves, leva o fogo às regiões superiores, coloca as estrelas em sua rotação e outros fenômenos maravilhosos? Você deve, com efeito, deixar a terra e voltar sua mente para essas coisas! Agora, enquanto o sangue está quente, devemos caminhar com passos rápidos no melhor curso. Nesse tipo de vida, você encontrará o que é bom saber – o amor e a prática das virtudes, o esquecimento das paixões, o conhecimento da vida e da morte e uma vida de profundo repouso.

---

[54] Novamente, Sêneca alude ao cargo de Paulínio.

A condição de todos os que estão ocupados é miserável, porém, mais miserável é a condição daqueles que trabalham em ocupações que nem mesmo são suas, que regulam seu sono pelo de outro, seu andar pelo ritmo de outro, que estão sob as ordens deles nas coisas mais livres do mundo – amar e odiar. Se desejam saber o quão breve é sua vida, que reflitam quão curta é a parte que lhes toca.

Vergonhoso é aquele cujo fôlego o abandona
em meio a uma provação quando,
já avançado em anos
e ainda cortejando os aplausos de
um círculo de ignorantes,
defende a vil causa de algum
litigante. Vergonhoso é aquele
que, exaurido mais por seu modo de
vida do que por seu trabalho,
sucumbe em meio aos próprios deveres.
Vergonhoso é aquele que, ao morrer,
arranca um sorriso do herdeiro a
quem muito tempo fez esperar.

XX

ENTÃO, quando você vir, com frequência, um homem vestido com a toga do ofício ou quando ouvir um nome célebre no Fórum, não o inveje. Tais coisas são compradas pelo preço da própria vida. Consumirão todos os seus anos a fim de que um único ano lhes seja dado[55]. A vida abandonou alguns nas suas primeiras lutas, antes que pudessem atingir o máximo de sua ambição. Outros, ao se submeterem a mil indignidades até atingir a posição suprema, são possuídos pelo pensamento infeliz de que apenas labutaram tanto por uma vã inscrição no túmulo. Alguns ainda, que chegaram à extrema velhice, ao mesmo tempo que nutriam novas esperanças como se ainda estivessem na juventude, sucumbem à fraqueza em meio a seus grandes e ansiosos esforços. Vergonhoso é aquele cujo fôlego o abandona em meio a uma provação quando, já avançado em anos e ainda cortejando os aplausos de um círculo de ignorantes, defende a vil causa de algum litigante. Vergonhoso é aquele que, exaurido mais por seu modo de vida do que por seu trabalho, sucumbe em meio aos próprios deveres. Vergonhoso é aquele que, ao morrer, arranca um sorriso do herdeiro a quem muito tempo fez esperar[56].

---

[55] O ano romano era datado pelos nomes dos dois cônsules anuais.
[56] Ou seja, mantido por muito tempo fora de sua herança.

Não posso ignorar um exemplo que me ocorre. Sexto Turânio era um homem idoso e muito diligente que, após seu nonagésimo ano, tendo sido dispensado das funções de seu cargo por ato do próprio Caio César, ordenou que fosse posto em sua cama e pranteado pela família reunida como se estivesse morto. A casa inteira lamentou o ócio de seu velho senhor e não cessou o luto até que o cargo lhe foi restituído. É realmente tão agradável morrer ocupado? No entanto, muitos têm o mesmo sentimento. Seu desejo pelo trabalho é maior do que sua capacidade. Lutam contra a fraqueza do corpo, e deploram a velhice apenas porque os afasta dos negócios. Depois dos cinquenta anos a lei dispensa do serviço militar, tampouco convoca um senador depois dos sessenta. É mais difícil os homens concederam repouso a si mesmos do que a lei. Enquanto isso, enquanto furtam e são furtados, enquanto interrompem o descanso uns dos outros, enquanto tornam uns aos outros miseráveis, sua vida é sem proveito, sem prazer, sem qualquer progresso de espírito. Ninguém tem a morte diante dos olhos, todos têm esperanças de longo alcance. Alguns homens, de fato, até mesmo organizam coisas que estão além da sua vida – enormes mausoléus, as dedicatórias de serviços públicos, jogos fúnebres e exéquias gloriosas. Mas, na verdade, os funerais de tais homens deviam ser conduzidos à luz de tochas e de velas de cera[57], como se tivessem vivido muito pouco.

---

[57] Isto é, como se fossem crianças, cujos funerais ocorriam à noite.

DIRECIONE A CÂMERA DO SEU CELULAR PARA ESTE QR CODE E ACESSE O AUDIOBOOK DESTE LIVRO. REQUER INTERNET.